Wolfgang Amadeus Mozart

Die Briefe W.A. Mozarts und seiner Familie

Mozart - Ikonographie

Verlag
der
Wissenschaften

Wolfgang Amadeus Mozart

Die Briefe W.A. Mozarts und seiner Familie

Mozart - Ikonographie

ISBN/EAN: 9783957005519

Auflage: 1

Erscheinungsjahr: 2015

Erscheinungsort: Norderstedt, Deutschland

Hergestellt in Europa, USA, Kanada, Australien, Japan
Verlag der Wissenschaften in Hansebooks GmbH, Norderstedt

Die Briefe W. A. Mozarts

und seiner Familie

Erste kritische Gesamtausgabe von

Ludwig Schiedermair

Fünfter Band

1 · 9 · 1 · 4

München und Leipzig bei Georg Müller

Mozart-Ikonographie

Herausgegeben und erläutert

von

Ludwig Schiedermair

1 · 9 · 1 · 4

München und Leipzig bei Georg Müller

Die Erlaubnis zur Reproduktion der Bilder ist von den Besitzern nicht im allgemeinen, sondern im besonderen für diesen Band erteilt worden.

Vorwort

Den Briefen folgen hier zur Ergänzung Porträts Mozarts und seiner Familie, von Freunden und Zeitgenossen, sowie Abbildungen einzelner Dokumente, Blätter, Erinnerungsstätten und Reliquien. Um einerseits die Brieflektüre nicht zu stören, andererseits die Wirkung der Bilder nicht zu beeinträchtigen, wurden diese aus den Textbänden ausgeschieden und hier für sich vereinigt.

An ernsten Arbeiten, die sich mit den Porträts Mozarts, ihrer Beschreibung und Wiedergabe, Feststellung und Datierung beschäftigen, liegen vor besonders die Untersuchungen von Otto Jahn, Emil Vogel und J. Ev. Engl, denen sich vereinzelte, kleinere Beiträge zur Frage der Falsifikationen und dergleichen anschließen. Nachbildungen Mozartscher Porträts wurden in Auswahl den meisten Biographien von Nissen bis herauf zu Wyzewa und St. Foix in mehr oder weniger glücklicher Reproduktion beigegeben und auch in Mozartschriften, Albums und auf Kunstblättern verbreitet. Eine chronologische Zusammenstellung versucht der vorliegende Band, der jedoch die idealisierten Mozartbilder Prévostscher Richtung wie auch die von Künstlerhand geschaffenen freien Kompositionen von der Art Munkácsys meist außer acht läßt, und vor allem die nach dem Leben gearbeiteten Darstellungen sowie die hiernach unternommenen Wiederholungen in den Mittelpunkt rückt.

Diese schon bisher von der Mozartforschung beobachteten Gesichtspunkte führen nun auch zur Aufnahme von Porträts, die nur einen mäßigen künstlerischen Wert beanspruchen dürften, teilweise sogar recht steif und ungeschickt abgefaßt sind. Bilder auf höherem künstlerischem Niveau wie die von Carmontelle, Cignaroli und Battoni, von Doris Stock und anderen stehen in der Minderheit. Aber auch die mehr handwerksmäßig gearbeiteten Stücke können unser Interesse beanspruchen, da vor allem auch sie uns Mozarts Züge und Gestalt in den verschiedenen Lebensaltern und Stellungen überliefern und das äußere Bild seiner Persönlichkeit vervollständigen. Dadurch daß die großen wie die kleinen Künstler die äußere Erscheinung Mozarts nach ihrem Ermessen und Empfinden stilisierten und sich dabei der Zeitströmung entsprechend nicht selten wenig um die

Wirklichkeit kümmerten, erhielten die Darstellungen der einzelnen Bilder ein verschiedenartiges Gepräge. Vom kunsthistorischen Gesichtspunkt aus liegen hier noch manche Fragen offen.

Die Nachbildungen der Porträts Mozarts und seines Kreises wurden ebenso wie die der Dokumente und Reliquien fast durchweg nach den Originalen und Originalkopien vorgenommen. Apokryphe Bilder, denen spätere Hände den Echtheitsstempel aufgedrückt haben, blieben weg. Bei zweifelhaften Stücken wurden in den Erläuterungen die verschiedenen Ansichten mitgeteilt. Die Aufnahmen der Erinnerungsorte erfolgten, soweit es sich bewerkstelligen ließ, teils nach den heute noch vorhandenen Denkstätten, teils nach älteren Vorlagen. Für die Bildnisse der Zeitgenossen mußten zum Teil spätere Stiche und Lithographien zu Hilfe genommen werden. Den Originalen Mozartscher Bilder wurden auch einzelne Stiche direkt angefügt, um die Unterschiede in der Arbeit des Malers und des Stechers zu zeigen; einzelne spätere Darstellungen wurden ebenso wie die Illustrationen und Vignetten eingestellt, um den Zeitgeschmack zu charakterisieren. Von den öfters recht bedenklichen Mozartdenkmälern deutscher Städte durfte wohl abgesehen werden. Im besonderen gingen die Bemühungen auch dahin, bei der Auswahl der umfangreichen Bildermaterialien Grenzen einzuhalten, die nur vorübergehend und gelegentlich überschritten sind.

Allen, die ihre Sammlungen zur Verfügung stellten und zur Reproduktion der Bilder die Erlaubnis gaben, sei verbindlichst gedankt; im besonderen auch der Internationalen Stiftung: Mozarteum und dem städtischen Museum Carolino-Augusteum in Salzburg, der K. K. Hofbibliothek und der Gesellschaft der Musikfreunde in Wien, dem städtischen Archiv in Mannheim, der Musikbibliothek Peters in Leipzig, den Herren: T. de Wyzewa und G. de Saint-Foix in Paris, Edward Speyer in Ridgehurst, Paul Hirsch in Frankfurt a. M.; auch der Schubertforscher O. E. Deutsch in Wien verpflichtete durch Hinweise.

Mögen auch diese Bilderreihen als Supplement freundliche Aufnahme finden.

Bonn am Rhein, 30. September 1913.

Die Familie

Leopold Mozart, der Vater
Unbezeichnetes Ölbildnis (nach 1756)
Mozartmuseum in Salzburg

Titelbild von Leopold Mozarts „Violinschule“ (1756)
Stich von J. A. Fridrich nach G. Eichler
Städtisches Museum Carolino-Augusteum in Salzburg

Anna Maria Mozart, die Mutter
Unbezeichnetes Ölbildnis
Mozartmuseum in Salzburg

Mozart (im Galakleide) von 1762
Unbezeichnetes Ölbildnis (1762/63)
Mozartmuseum in Salzburg

Maria Anna Mozart, die Schwester (im Galakleide), von 1762
Unbezeichnetes Ölbildnis (1762/63)
Mozartmuseum in Salzburg

Mozart von 1763
Kolorierte Bleistiftzeichnung wahrscheinlich von Franz Nikol. Streicher
(etwa Frühjahr 1763)
Photographie
Mozartmuseum in Salzburg

Mozart mit Vater und Schwester von 1763
Aquarell von L. C. de Carmontelle (November 1763)
Musée de Chantilly

Mozart am Klavier beim Fürsten Conti von 1763
Ölgemälde von M. B. Ollivier (Dezember 1763)
Louvre in Paris, Abzug: Mozartmuseum in Salzburg

Mozart (mit dem Vogelnest) von 1764
Ölbildnis, vielleicht von Joh. (Zoffany) Zaufelly (1764)
Photographie
Mozartmuseum in Salzburg

Mozart von 1766
Ölbildnis von Jakob [?] van der Smissen (1766)
Photographie
Mozartmuseum in Salzburg

Mozart (am Klavier) von 1766/67
Ölbildnis von Thaddäus Hebling (1766/67)
Mozartmuseum in Salzburg

Mozart von 1770
Ölbildnis von Cignaroli (Januar 1770)
Dr. Karl Kupelwieser, Wien

Mozart (mit der Schleife) von 1770
Stich von L. Sichling nach dem Ölbildnis Cignarolis
Mozartmuseum in Salzburg

Mozart (mit der Notenrolle) von 1770
Ölbildnis von P. Battoni (Juli 1770)
Mrs. Mackintosh in Keillour Castle, Methven, Perthshire

Mozart (mit der Notenrolle) von 1770
Stich von H. Adlard nach dem Ölbildnis P. Battonis
Mrs. Mackintosh in Keillour Castle, Methven, Perthshire

Mozart von 1771/72
Unbezeichnetes Miniaturaquarell
Mozartmuseum in Salzburg

Mozart von 1775/77
Unbezeichnetes Ölbildnis
Ehemalige Sammlung Donebauer in Prag

Mozart von 1777
Unbezeichnetes Miniatur-Medaillon (Nov. 1777)
Frau Justizrat M. Vogl, Regensburg

Mozart von 1777

Unbezeichnetes Ölbildnis (Oktober – November 1777)

Liceo musicale in Bologna

Mozart von 1777
Ölbildnis vermutlich von J. J. Langenhöffel (Nov./Dez. 1777)
Dr. L. König in Kiel

Anna Maria Mozart, die Mutter, von 1777
Ölbildnis vermutlich von J. J. Langenhöffel (Nov./Dez. 1777)
Dr. L. König in Kiel

Marie Anna Thekla Mozart, das „Bäsle"
Unbezeichnete Bleistiftzeichnung (1778)
Mozartmuseum in Salzburg

Mozart von 1778
Kreidezeichnung von A. de Saint-Aubin (Juli 1778)
Photographie
Mozartmuseum in Salzburg

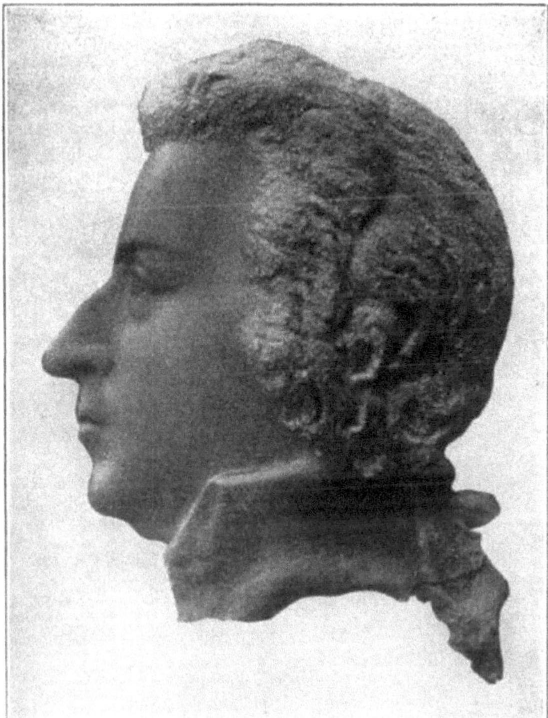

Mozart von 1778 [?]
Unbezeichnetes Wachsmedaillon
Geheimrat Professor Dr. Max Friedlaender in Berlin

Die Familie Mozart von 1780/81
Ölgemälde von J. N. de la Croce (Herbst 1780/März 1781)
Mozartmuseum in Salzburg

Mozart von 1782/83
Unvollendetes Ölbildnis von J. Lange
Mozartmuseum in Salzburg

Constanze Mozart
Lithographie nach einem Gemälde von J. Lange (1782/83)
Städtisches Museum Carolino-Augusteum in Salzburg

Maria Anna Mozart, die Schwester, als Reichsfreifrau zu Sonnenburg
Unbezeichnetes Ölbildnis (nach 1784)
Mozartmuseum in Salzburg

Mozart um 1785
Stich von G. A. Sasso nach J. Bosio
Dr. E. Istel in Berlin

Mozart um 1785
Stich von E. Thelott
Kgl. Bibliothek Berlin

Mozart von 1789
Silberstiftzeichnung von Dora Stock
(April 1789)
Musikbibliothek Peters, Leipzig

Mozart von 1789
Buchsbaumholz-Relief von L. Posch (Mai 1789)
Mozartmuseum in Salzburg

Stich von A. Kohl (1793)
Musikbibliothek P. Hirsch, Frankfurt a. M.

Mozart
Stich von J. Chapmann (1817)
Musikbibliothek P. Hirsch, Frankfurt a. M.

Mozart
Unbezeichnete Lithographie
Städtisches Museum Carolino-Augusteum in Salzburg

Constanze Mozart von 1802
Ölbildnis von Hans Hansen (1802)
Mozartmuseum in Salzburg

Mozarts Söhne Wolfgang und Carl von 1802
Ölgemälde von Hans Hansen (1802)
Mozartmuseum in Salzburg

Mozart
Unbezeichnete Biskuitbüste
Frau Ignaz Brüll in Wien

Mozart
Unbezeichnetes Miniaturbild
W. Barclay Squire in London

Mozartbüste
Stich von T. Blood (um 1820)
Musikbibliothek P. Hirsch, Frankfurt a. M.

Mozart am Wiener Hofe von 1762
Unbezeichnetes Bild
Photographie
Mozartmuseum in Salzburg

Mozart am Wiener Hofe von 1762
Stich nach dem Ölgemälde von Ed. Ender
Mozartmuseum in Salzburg

Mozart bei S. Geßner in Zürich von 1766
Beilage zum XX. Neujahrsstück der Allg. Musik-Gesellschaft in Zürich, 1832
Musikbibliothek P. Hirsch, Frankfurt a. M.

„Liebes Mandl, wo ists Bandl?“ (s. Mozarts Brief 281)
Zeichnung von J. P. Lyser

Mozart in der Berliner Aufführung der „Entführung aus dem Serail"
(1789)
Beilage zum XXI. Neujahrsstück der Allg. Musik-Gesellschaft in Zürich, 1833
Musikbibliothek P. Hirsch, Frankfurt a. M.

Erinnerungsstätten, Dokumente und Reliquien

Leopold Mozarts Geburtshaus in Augsburg
Photographie (1896)
Mozartmuseum in Salzburg

Grabstätte von Leopold Mozart und Constanze Mozart
auf dem St. Sebastianfriedhof in Salzburg

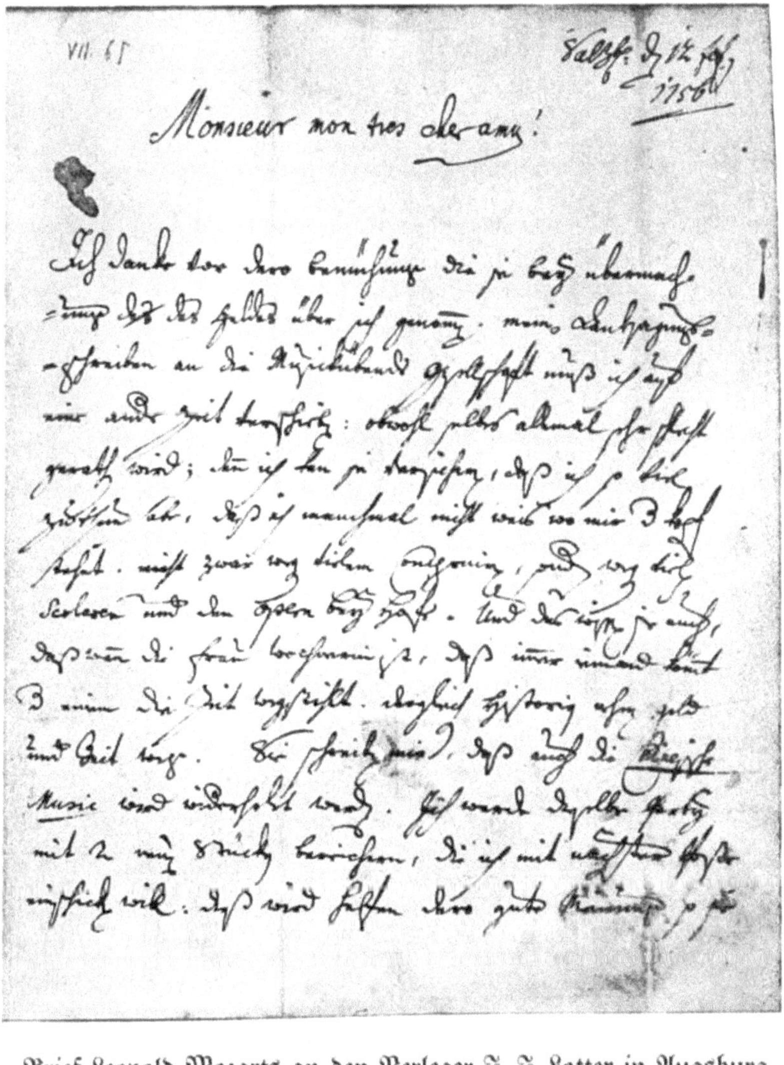

Brief Leopold Mozarts an den Verleger J. J. Lotter in Augsburg
K. K. Hofbibliothek Wien

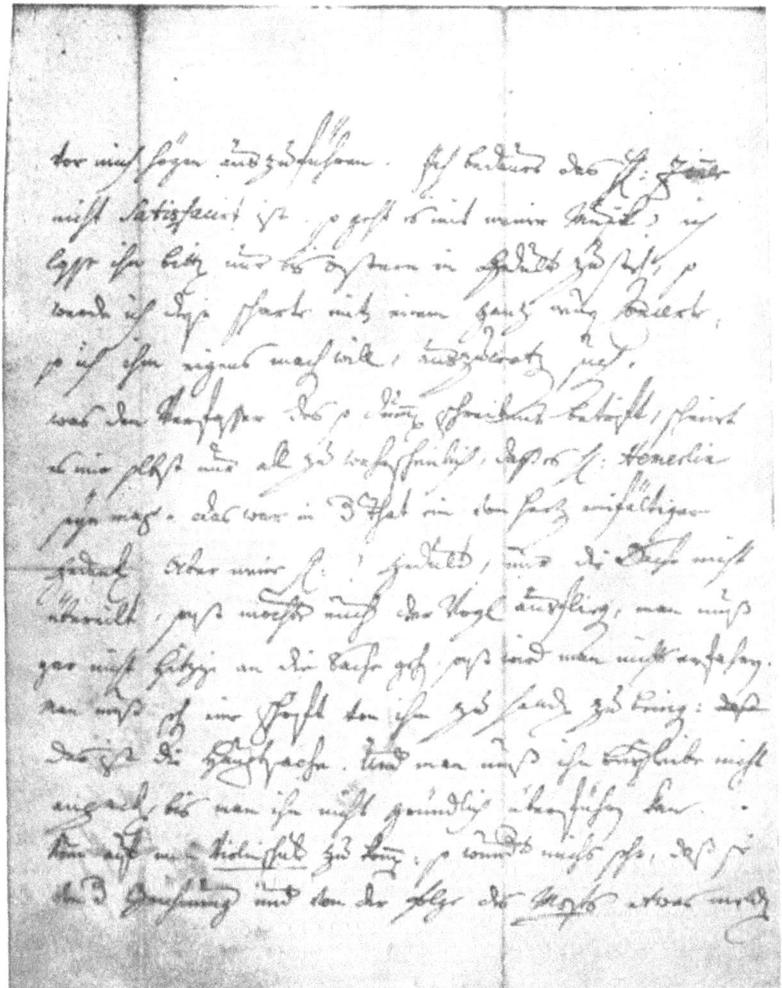

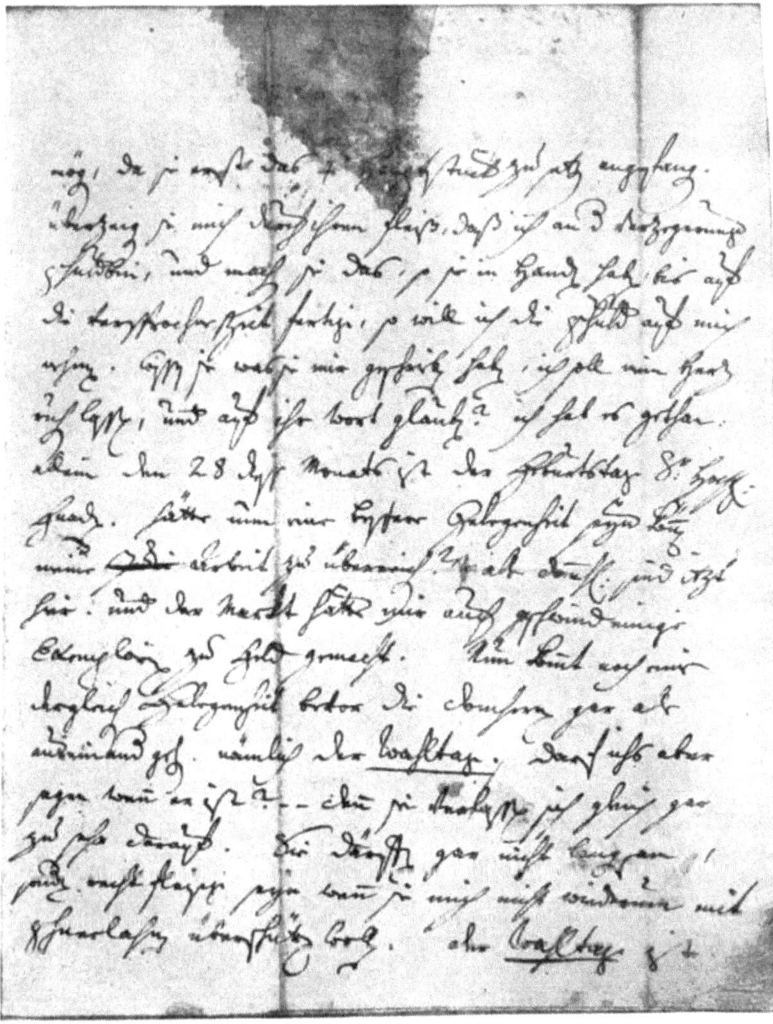

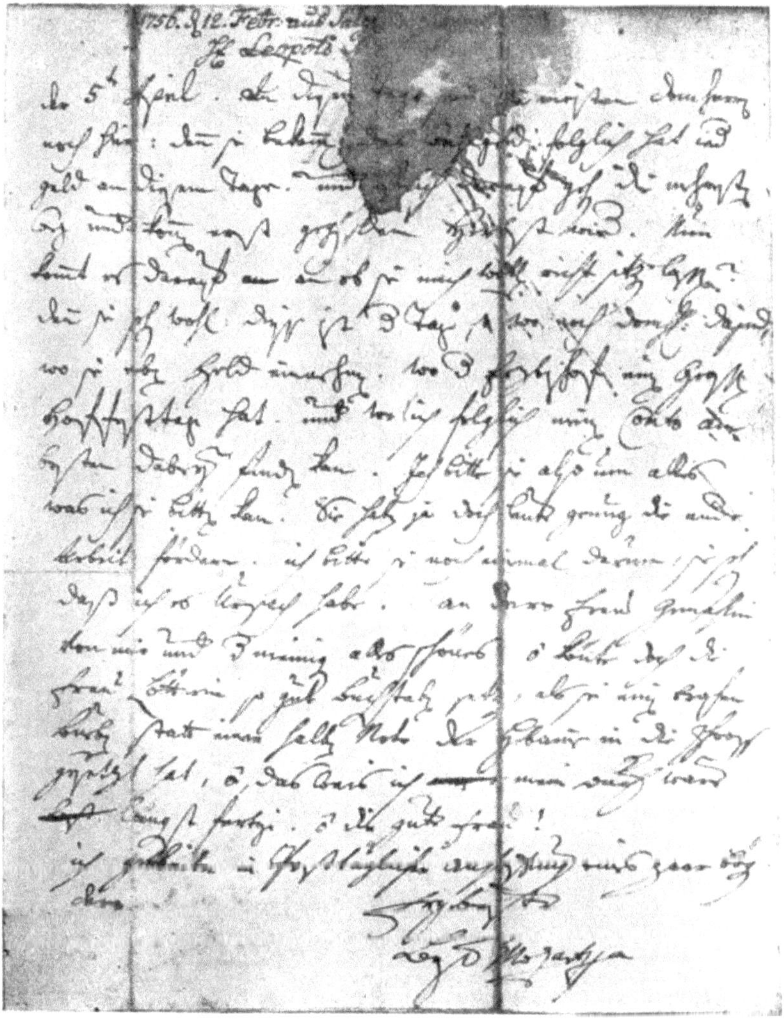

Salzburg (Ende des 18. Jahrh.)
Stich von A. Amon nach F. v. Naumann
Städtisches Museum Carolino-Augusteum in Salzburg

Der Dom zu Salzburg (Ende des 18. Jahrh.)
Stich von Aug. Bind nach J. M. Frey
Städtisches Museum Carolino-Augusteum in Salzburg

Salzburg
Lithographie von Leopold Rottmann nach G. Petzolt
K. K. Hofbibliothek in Wien

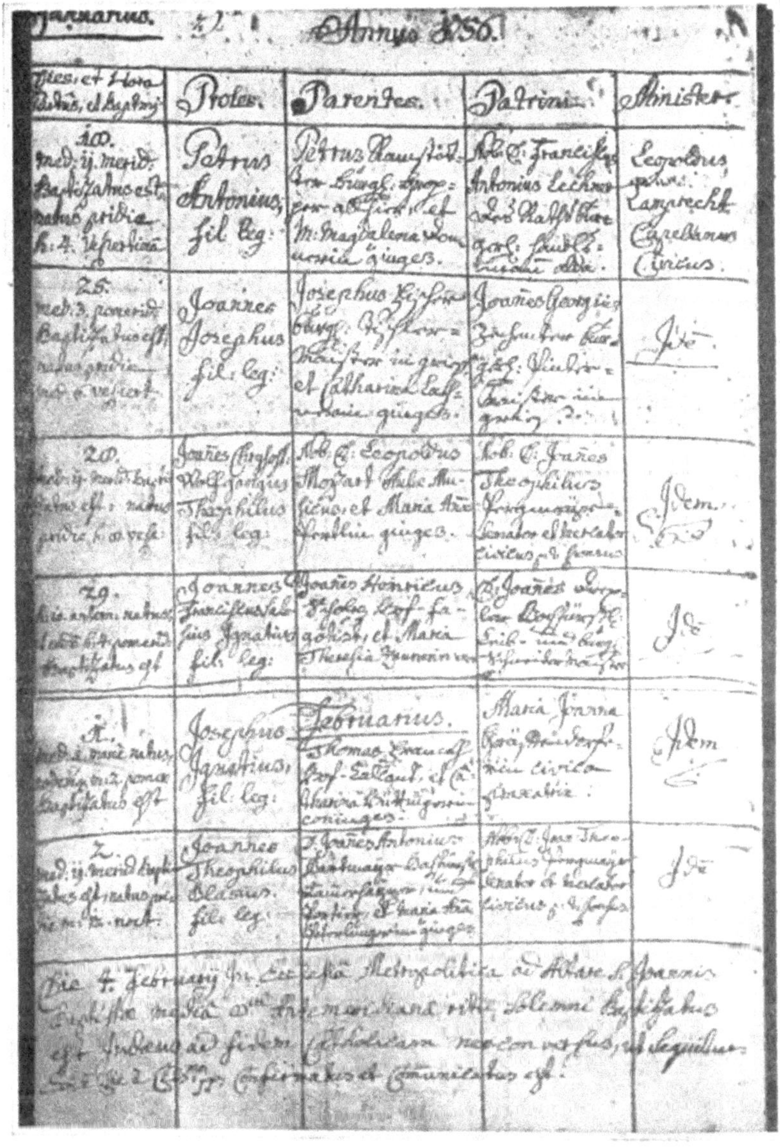
Januarius. Annus 1756.

Dies et Hora Nativ. et Baptismi	Proles	Parentes	Patrini	Minister
10. med. 11. merid. baptizatus est natus pridie h. 4. vespertina	Petrus Antonius fil. leg.	Petrus [illegible] et M. Magdalena [illegible] conjuges	Nob. D. Franciscus Antonius Lechner [illegible]	Leopoldus [illegible] Lamprecht Capellanus Civicus
25. med. 3. pomerid. Baptizatus est natus pridie [illegible]	Joannes Josephus fil. leg.	Josephus [illegible] et Catharina [illegible] conjuges	Joannes Georgius [illegible]	Idem
28. med. 11. merid. baptizatus est, natus pridie h. 8. vesp.	Joannes Chrysost. Wolfgangus Theophilus fil. leg.	Nob. D. Leopoldus Mozart Aulae Musicus, et Maria Anna Pertlin conjuges	Nob. D. Joannes Theophilus Pergmayr Senator et Mercator civicus p.t. sponsus	Idem
29. [illegible]	Joannes Franciscus [illegible] Ignatius fil. leg.	Joannes Henricus [illegible] et Maria Theresia [illegible]	D. Joannes [illegible]	Idem
Februarius. 1. [illegible]	Josephus Ignatius fil. leg.	Thomas [illegible] et Catharina [illegible] conjuges	Maria Joanna [illegible]	Idem
2. med. 11. merid. baptizatus est natus pridie [illegible]	Joannes Theophilus Blasius fil. leg.	Joannes Antonius [illegible] et Maria Anna [illegible] conjuges	Nob. D. Joan. Theophilus Pergmayr Senator et Mercator civicus [illegible]	Idem

Eintragung von Mozarts Taufe in die Taufmatrikel der Domkirche zu Salzburg

Mozarts Geburtshaus in Salzburg

Unbezeichneter Druck aus Nissens Biographie W. A. Mozart (1828)

Mozarts Geburtshaus in Salzburg mit der jetzigen Fassade
Photographie (1913)

Mozarts erste Geige
Angefertigt von A. F. Mayer, Salzburger Geigenmacher, 1746
Mozartmuseum in Salzburg

Mozarts Klaviere
Mozartmuseum in Salzburg

Mozarts letztes Klavier
Mozartmuseum in Salzburg

Mozarts Diplom als Mitglied der Academia Philharmonica in Bologna
Mozartmuseum in Salzburg

Mozarts seidengestickte Brieftasche
Mozartmuseum in Salzburg

Mozarts Uhr und Ring, Geschenke
der Kaiserin Maria Theresia
Mozartmuseum in Salzburg

Einband des Gebetbuches der Familie Mozart
Mozartmuseum in Salzburg

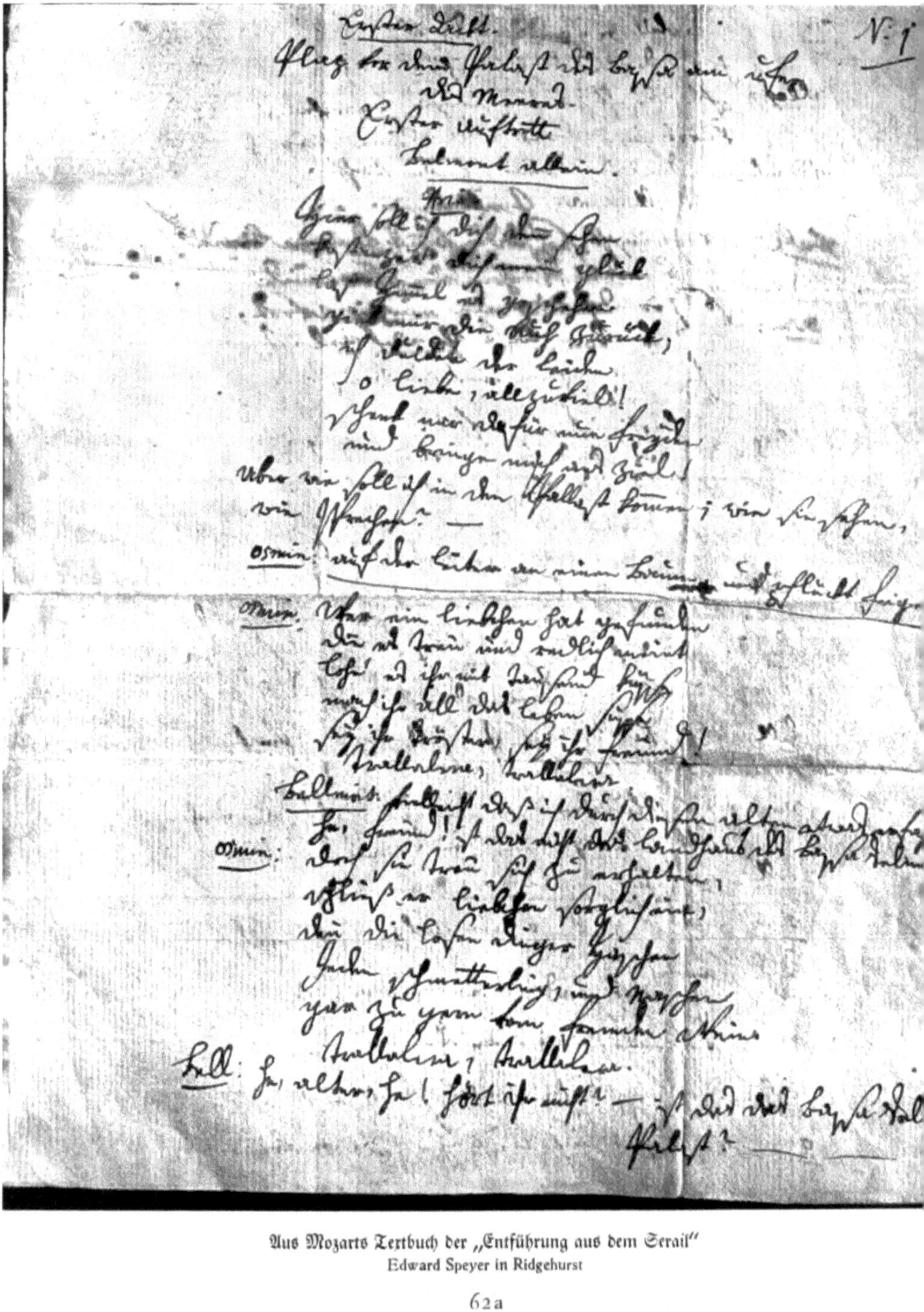

Aus Mozarts Textbuch der „Entführung aus dem Serail"
Edward Speyer in Ridgehurst

Osmin: sonderlich beym Mondenscheine
Freunde nimmt sie wohl in acht;

allegro: oft lauscht da ein junges Herrchen,
kirrt und lockt das kleine Närrchen —

Andante: und dann Treue gute Nacht.
Trallalera. Trallalera.

bell: verwünscht seyst du samt deinem Liede
ich bin dein Singen nun schon müde
so hör doch nur ein einzig wort.

Osm: was Henker laßt ihr euch gelüsten
euch hier zu ärgern, euch zu brüsten,
was wollt' ihr? —
hurtig ich muß fort.

bell: ist das des Bassa Selim Haus?

Osm: das ist des Bassa Selim Haus;

bell: so wart doch —

Osm: ich kann nicht weilen.

bell: ein wort —

Osm: geschwind, denn ich muß eilen.

bell: seyd ihr in seinen diensten freund?

Osm: ich bin in seinen diensten freund!

bell: wie kann ich den Pedrill wohl sprechen
der hier in seinen diensten steht.

Osm: den Schurken? — der den Hals soll brechen.
seht selbst zu — und wer ihn sucht.

bell: was für ein alter grober Bengel!

Osm: das ist just so ein galgen schwengel!

bell: ihr irrt, es ist ein braver Mann;

Osm: so brav, daß man ihn spießen kann.

bell: ihr müßt ihn wahrlich nicht recht kennen

Osm: recht gut, ich ließ ihn heut verbrennen.

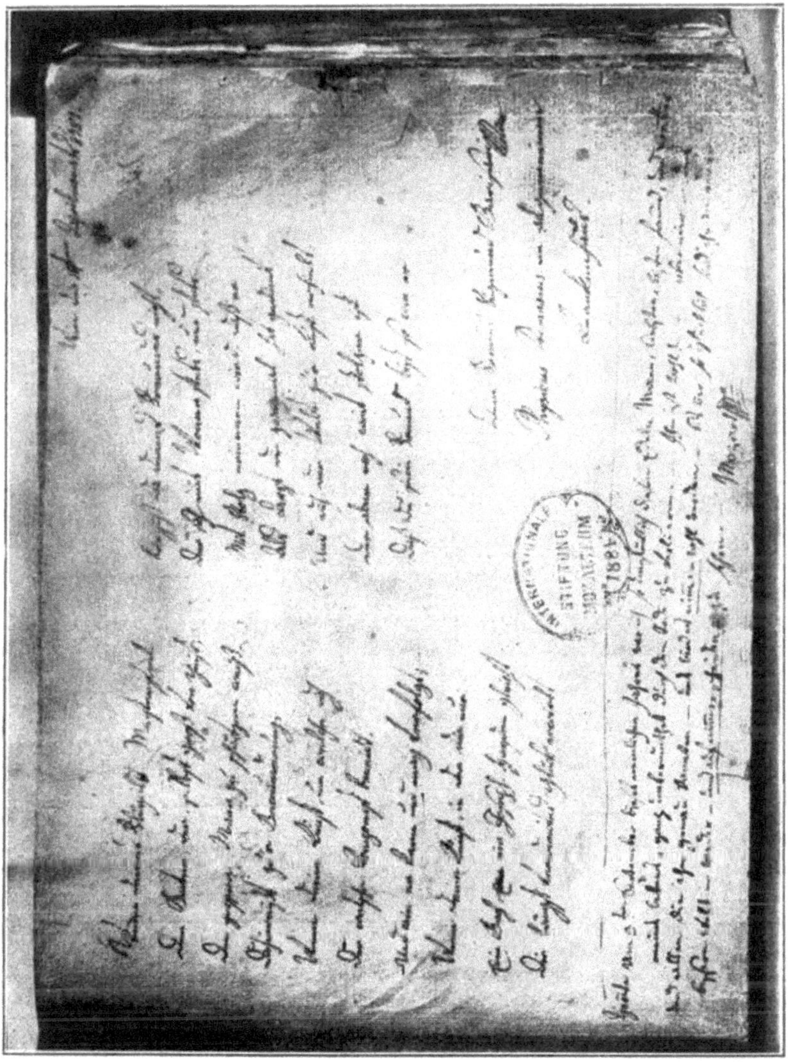

Textseite aus Mozarts Stammbuch
Mozartmuseum in Salzburg

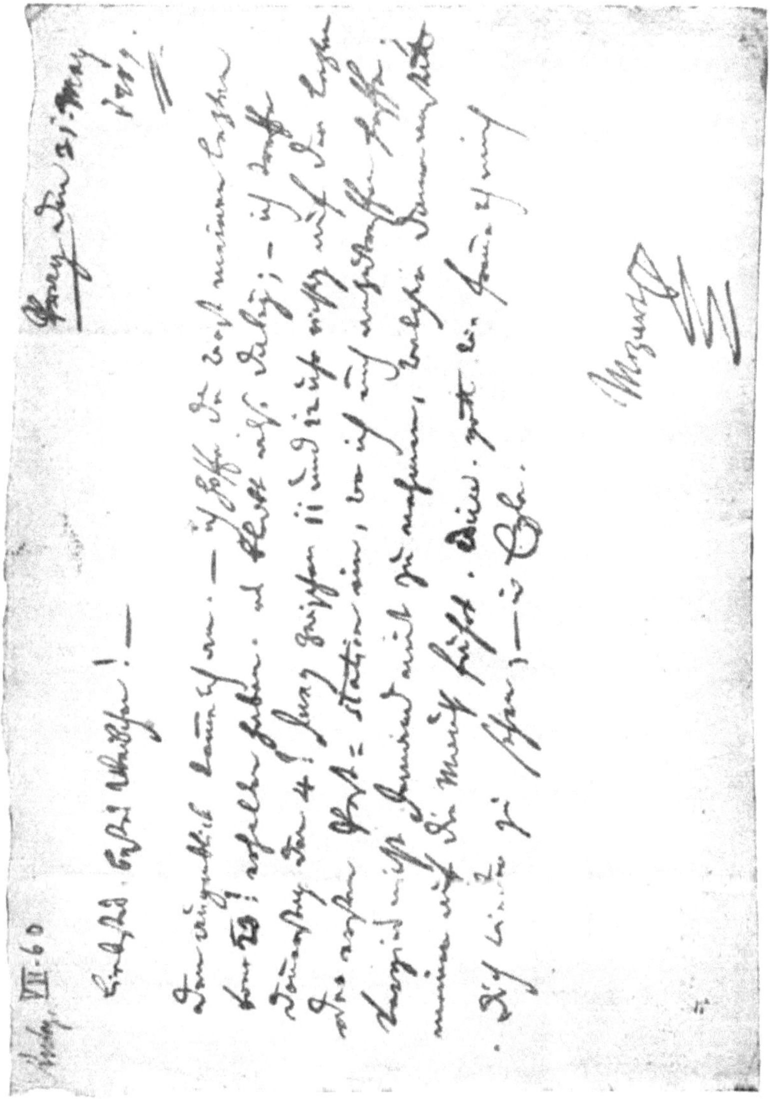

Brief Mozarts an seine Gattin
K. K. Hofbibliothek Wien

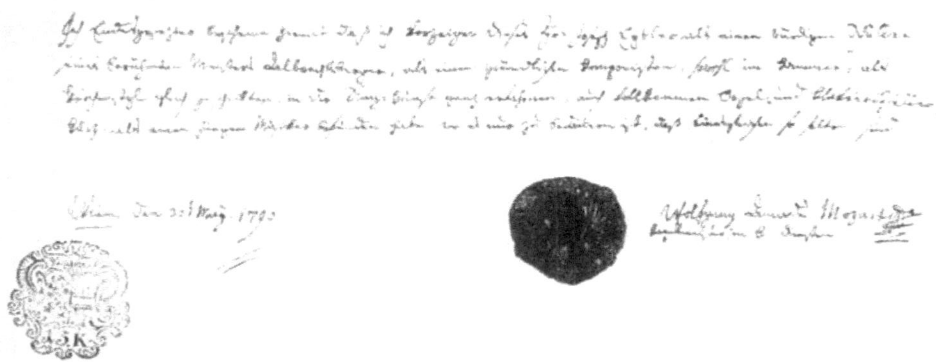

Mozarts Zeugnis für J. Eybler
K. K. Hofbibliothek Wien

Das (schmale, hohe) Mozarthaus (links) in der Schulergasse in Wien
Aquarell von Richard Moser (1905)
Gesellschaft der Musikfreunde in Wien

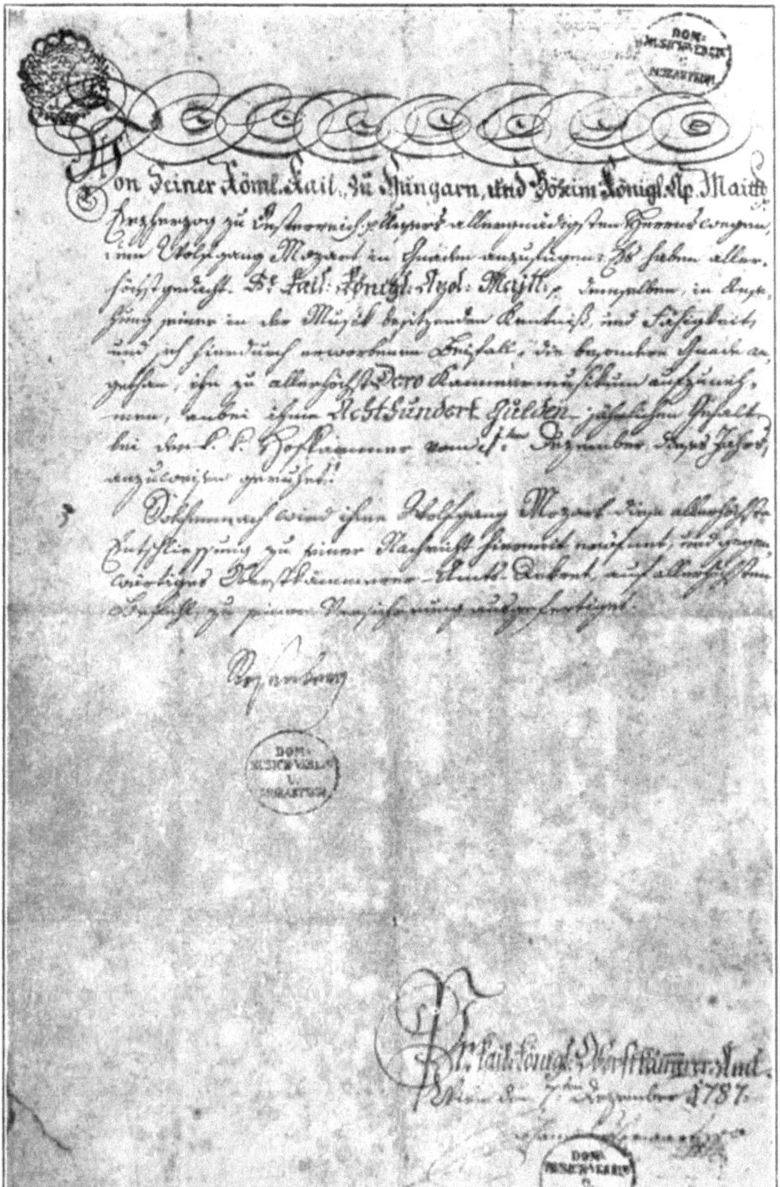

Mozarts Anstellungsdekret
Mozartmuseum in Salzburg

Gasthaussaal im Augarten
Kolorierter Stich von Straßky (Anfang des 19. Jahrh.)
Städtische Sammlungen Wien

Der große Redoutensaal in der Wiener Hofburg
Stich von Jos. Schütz (Ende des 18. Jahrh.)
Städtische Sammlungen Wien

K. K. Hoftheater nächst der Burg
Photographie von W. Kral
K. K. Hofbibliothek Wien

Baden bei Wien

Lithographie von T. Raulino (Anfang des 19. Jahrh.)

K. K. Hofbibliothek Wien

Nächstkommenden Sonntag, den 15ten Junii, wird zum Erstenmale gegeben: Il Dissoluto punito, o sia: Il D. Giovanni. Der gestrafte Ausschweifende, oder: D. Jean. Ein grosses mit Chören ausgeziertes Singspiel in zween Aufzügen. Die Poesie ist vom Abt da Ponte, und die Musik hat der berühmte Kapellmeister, Hr. Mozart, ausdrücklich dazu komponirt.

Mit gnädigster Erlaubniß
wird heute, Sonntags den 15. Junii 1788.
von der Guardasonischen Gesellschaft
Italiänischer Opervirtuosen
auf dem Theater am Rannstädter Thore
aufgeführt:

IL DISSOLUTO PUNITO,
o sia:
IL D. GIOVANNI.
Der gestrafte Ausschweifende,
Oder
D. Jean.

Ein grosses Singspiel, mit Chören, vielen Decorationen und doppeltem Orchester, in zween Aufzügen.
Die Poesie ist vom Abt da Ponte, und die Musik hat der berühmte Kapellmeister, Hr. Mozart, ausdrücklich dazu komponirt.

Personen:

D. Giovanni,	Herr Kosta.	D. Elvira,	Dem. Miceli, die jüngere.
D. Anna,	Mad. Prosperi Krespi.	Leporello,	Herr Ponziani.
D. Ottavio,	Herr Baglioni.	Zerlina,	Dem. Miceli, die ältere.
Commendatore,	Herr Lolli.	Masetto,	Herr Lolli.

Die Opernbücher, in Italiänischer Sprache allein, sind am Eingange für 6 Gr. gedruckt zu haben.

Die Musik ist beym Herrn Guardasoni, auf dem neuen Kirchhofe, in Landschreiber Tigners Hause, im ersten Stock zu bekommen.

Wegen Wiederholung der Arien wird ein geneigtes Publikum um gütige Verschonung gebeten.

Auch wird ein geneigtes Publikum um seines eigenen Vergnügens willen gehorsamst ersucht, sich ohne Unterschied die unentbehrliche Einrichtung wegen Verschonung des Theaters gütigst gefallen zu lassen.

Die Preiße sind folgende:

Logen des ersten Ranges.	Logen des zweyten Ranges.	Logen des dritten Ranges.
Jede Loge zu 6 Personen gerechnet, 4 Thlr.	No. 20. Große Mittel-Loge, die Person 16 Gr.	No. 26. Große Seiten-Loge, die Person 8 Gr.
	Die übrigen geschlossenen Seitenlogen, jede zu 6 Personen gerechnet, 3 Thlr.	No. 27. Große Mittel-Loge, die Person 12 Gr.
		Die übrigen geschlossenen Seitenlogen, jede zu 6 Personen gerechnet, 2 Thlr.

Im Parterre 6 Gr. Auf der Gallerie 4 Gr.

Die Billets sind am Tage der Vorstellung im Theater zu bekommen von früh 9 bis 12 Uhr, des Nachmittags von 3 Uhr bis zu Eröfnung des Theaters; sind aber nicht weiter als denselben Tag gültig.

Der Anfang ist präcise halb 6 Uhr. Das Ende um 8 Uhr.

Edward Speyer in Ridgehurst

K.K. priv. L. II. Wiedner Theater

Heute Freytag den 30ten September 1791.

Werden die Schauspieler in dem kaiserl. königl. privil. Theater auf der Wieden die Ehre haben aufzuführen

Zum Erstenmale:

Die

Zauberflöte.

Eine grosse Oper in 2 Akten, von Emanuel Schikaneder.

Personen.

Sarastro.	Hr. Gerl.
Tamino.	Hr. Schack.
Sprecher.	Hr. Winter.
Erster Priester.	Hr. Schikaneder der ältere.
Zweyter Priester.	Hr. Kistler.
Dritter Priester.	Hr. Moll.
Königin der Nacht.	Mad. Hofer.
Pamina ihre Tochter.	Mlle. Gottlieb.
Erste Dame.	Mlle. Klöpfer.
Zweyte Dame.	Mlle. Hofmann.
Dritte Dame.	Mad. Schack.
Papageno.	Hr. Schikaneder der jüngere.
Ein altes Weib.	Mad. Gerl.
Monostatos ein Mohr.	Hr. Nouseul.
Erster Sklav.	Hr. Gieseke.
Zweyter Sklav.	Hr. Frasel.
Dritter Sklav.	Hr. Starke.
Priester, Sklaven, Gefolge.	

Die Musik ist von Herrn Wolfgang Amade Mozart, Kapellmeister, und wirklicher k. k. Kammerkompositeur. Herr Mozard wird aus Hochachtung für ein gnädiges und verehrungswürdiges Publikum, und aus Freundschaft gegen den Verfasser des Stücks, das Orchester heute selbst dirigiren.

Die Bücher von der Oper, die mit zwey Kupferstichen versehen sind, wo Herr Schikaneder in der Rolle als Papageno nach wahrem Kostum gestochen ist, werden bey der Theater-Kassa vor 30 kr. verkauft.

Herr Gayl Theatermahler und Herr Nesslthaler als Dekorateur schmeicheln sich nach dem vorgeschriebenen Plan des Stücks, mit möglichstem Künstlerfleiss gearbeitet zu haben.

Die Eintrittspreise sind wie gewöhnlich.

Der Anfang ist um 7 Uhr.

Theaterzettel der ersten Aufführung in Wien
Mozartmuseum in Salzburg

Das „Zauberflötenhäuschen“ an seinem jetzigen Standort auf dem Kapuzinerberge in Salzburg

Stammschloß der Grafen von Walsegg (Seitenansicht)
Photographie
Mozartmuseum in Salzburg

Stammschloß der Grafen von Walsegg (Mittelseite)
Photographie
Mozartmuseum in Salzburg

Mozarts Sterbehaus in der Rauhensteingasse in Wien
Zeichnung von J. P. Lyser (1847)

Mozarts Sterbehaus in der Rauhensteingasse Nr. 992 in Wien
Aquarell von J. Wohlmuth
Mozartmuseum in Salzburg

Mozarts Wohnzimmer in der Rauhensteingasse in Wien
Zeichnung von J. P. Lyser

Die Rauhensteingasse mit Mozarts Sterbehaus
Aquarell von J. Wohlmuth
Mozartmuseum in Salzburg

Ausgaben und Illustrationen

SONATES
POUR LE CLAVECIN
Qui peuvent se jouer avec l'Accompagnement de Violon
DEDIÉES
A MADAME VICTOIRE
DE FRANCE
Par J. G. Wolfgang Mozart de Salzbourg
Agé de Sept ans.
OEUVRE PREMIERE
Prix 4.# 4 s
Gravées par Mme Vendôme Ci-devant rue St Jacques
à present rue St Honoré Vis-à-vis le Palais Royal.
A PARIS 1767
aux adresses ordinaires
AVEC PRIVILEGE DU ROI.
imprimé par petit blé

Titelblatt des ersten gedruckten Werkes Mozarts
Musikbibliothek P. Hirsch, Frankfurt a. M.

SEI

QUARTETTI

PER DUE VIOLINI, VIOLA, E VIOLONCELLO

Composti e Dedicati
al Signor

GIUSEPPE HAYDN

Maestro di Cappella di S. A.
il Principe d'Esterhazy &c &c

Dal Suo Amico

W. A. MOZART

Opera X.

In Vienna presso Artaria Comp
Mercanti ed Editori di Stampe Musica,
e Carte Geografiche

Con Priv. S. C. M.

Titelblatt der ersten Ausgabe (1785)
Musikbibliothek P. Hirsch, Frankfurt a. M.

Titelblatt der ersten Ausgabe, K 475, 457, (1785)
Musikbibliothek P. Hirsch, Frankfurt a. M.

Beigabe Mozarts zum Taschenbuche
Angenehme und lehrreiche Beschäftigung für Kinder in ihren Freistunden
4. Bändchen 1788
Musikbibliothek P. Hirsch, Frankfurt a. M.

Titelblatt einer frühen Ausgabe der drei Trios, K 502, 542, 548, (um 1790)
Musikbibliothek P. Hirsch, Frankfurt a. M.

Die
Zauberflöte.

Eine
Oper in drei Aufzügen,
neubearbeitet
von
C. A. Vulpius.

Die Musik ist von Mozart.

Aufgeführt auf dem Herzoglichen Hoftheater zu Weimar zum erstenmal am 16. Januar 1794.

Leipzig, 1794.
bei Johann Samuel Heinsius.

Titelbild zum Klavierauszug von „La Clemenza di Tito", Leipzig, Breitkopf
Stich von Roßmäßler (um 1795)
Musikbibliothek P. Hirsch, Frankfurt a. M.

Titelbild zum Klavierauszug von „Così fan tutte", Leipzig, Breitkopf
Stich von Roßmäßler (um 1800)
Musikbibliothek P. Hirsch, Frankfurt a. M.

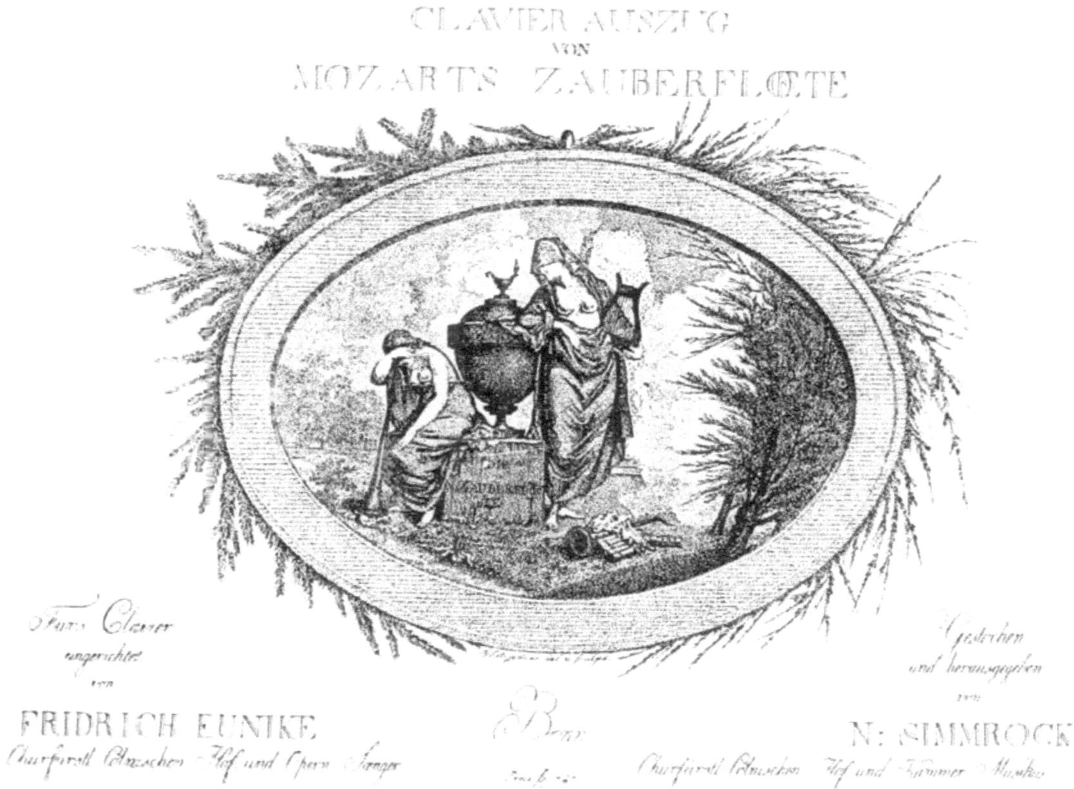

Stich von J. G. Pflugfelder (um 1800)
Musikbibliothek P. Hirsch, Frankfurt a. M.

Die Zauberflöte
eine Oper
im Clavierauszuge
nach der Musik
des
verstorbenen Hrn. Capellmeister Mozart.

Zweyte Auflage.

Im Diskant- und Violinschlüssel zu haben.

Ladenpreiß 2 Thlr. 12 Gr. Op. CLVI. 29 Bogen.

Berlin,
Im Verlage der Rellstabschen Musikhandlung und Musikdruckerey.

Auch sind in der Rellstabschen Musikhandlung alle Arten musikalischer Instrumente, sowohl zu Kauf als Miethe zu haben. Bogen, [illegible], [illegible], Stimmgabeln, Pulte, Saiten, u. d. m. so zur Musik gehört.

Erschienen um 1800
Musikbibliothek P. Hirsch, Frankfurt a. M.

Titelblätter zu den Heften 1, 9, 10, 13 der ersten „Gesamtausgabe“ der Werke Mozarts bei Breitkopf u. Härtel, Leipzig

I

Stich von W. Böhm nach Schnorr

Musikbibliothek P. Hirsch, Frankfurt a. M.

93b

II

Stich von W. Böhm nach Kininger

OEUVRES COMPLETTES

de

Wolfgang Amadeus Mozart

Au Magasin de Musique de Breitkopf & Härtel
à Leipsic

III

Stich von E. G. Krüger nach Kininger

OEUVRES COMPLETTES

de

Wolfgang Amadeus Mozart

Au Magasin de Musique de Breitkopf & Härtel
à Leipsic

IV

Stich von F. Zügel

13°

93d

Il Dissoluto Punito

o sia

Il Don Giovanni

Dramma giocoso in due Atti

posto in Musica da

Wolfgang Amadeus Mozart

in Partitura

presso Breitkopf e Härtel in Lipsia

Titelblatt der 1. Partitur-Ausgabe (1801)
Stich von Fr. Bolt nach Kininger
Musikbibliothek P. Hirsch, Frankfurt a. M.

Titelblatt zum Klavierauszug von „Così fan tutte", Paris, Schlesinger
Lithographie
Musikbibliothek P. Hirsch, Frankfurt a. M.

Titelbild zum Klavierauszug der „Zauberflöte", Paris, Schlesinger
Lithographie nach H. Vernet, von Engelmann (um 1820)
Musikbibliothek P. Hirsch, Frankfurt a. M.

Illustrationen zu „Don Giovanni"
I
Stiche von A. Schwerdgeburth nach H. Ramberg (in Orphea, Taschenbuch für 1825)
Musikbibliothek P. Hirsch, Frankfurt a. M.

II

III

IV

97d

V

VI

VII

VIII

Zeitgenossen

Erzbischof Sigismund (Graf Schrattenbach) von Salzburg
Unbezeichnetes Ölbildnis
Städtisches Museum Carolino-Augusteum in Salzburg

Erzbischof Hieronymus (Graf Colloredo) von Salzburg
Unbezeichnetes Ölbildnis
Städtisches Museum Carolino-Augusteum in Salzburg

Graf Ferdinand von Zeyll
Ölbildnis nach einer älteren Vorlage
Mozarthäuschen auf dem Kapuzinerberge zu Salzburg

Johann Lorenz Hagenauer
Ölbildnis nach dem Porträt der Familiengruft zu St. Peter
von Seb. Stief (1873)
Mozartmuseum in Salzburg

Maria Therese Hagenauer
Unbezeichnetes Ölgemälde (1769)
Mozartmuseum in Salzburg

Dominikus Hagenauer
Ölbildnis nach einer älteren Vorlage
Mozarthäuschen auf dem Kapuzinerberge zu Salzburg

Luise von Rubinig
Ölbildnis nach einer älteren Vorlage
Mozarthäuschen auf dem Kapuzinerberge zu Salzburg

J. Ferd. von Schiedenhofen
Ölbildnis nach einer älteren Vorlage
Mozarthäuschen auf dem Kapuzinerberge zu Salzburg

Dr. Sylvester von Barisani
Ölbildnis nach einer älteren Vorlage
Mozarthäuschen auf dem Kapuzinerberge zu Salzburg

Dr. Jos. Sigmund von Barisani
Ölbildnis nach einer älteren Vorlage
Mozarthäuschen auf dem Kapuzinerberge zu Salzburg

Michael Haydn
Lithographie von H. E. von Wintter (1815)
F. Öttingen Wallersteinsche Bibliothek in Maihingen

Giov. Michele Haydn

Lithographie von Franz Eybl
K. K. Hofbibliothek Wien

Michael Haydns Grabmal zu St. Peter in Salzburg
Unbezeichneter Stich
K. K. Hofbibliothek Wien

J. Christian Bach
Ölbildnis von Matthieu (1774)
Kgl. Bibliothek Berlin

Padre Martini
Lithographie von A. Lemoine
Aus „die Musik"

P. Metastasio

Stich von G. A. Sasso nach G. B. Bosio

K. K. Hofbibliothek Wien

J. A. Hasse
Lithographie von H. E. von Wintter (1816)
K. Graphische Sammlung München

Stich von A. Widerhofer
Gesellschaft der Musikfreunde in Wien

N. Jommelli
Unbezeichneter Stich
Professor Dr. H. Abert in Halle

Johann Andreas Stein
Unbezeichnetes Ölbildnis
Barfüßerkirche in Augsburg

Kurfürst Karl Theodor
Stich nach F. A. Besold von G. Bodenehr (um 1745)
Städtisches Archiv Mannheim

Mannheim (vom linken Rheinufer aus gesehen)
Stich von J. Rieger (1788)
Städtisches Archiv Mannheim

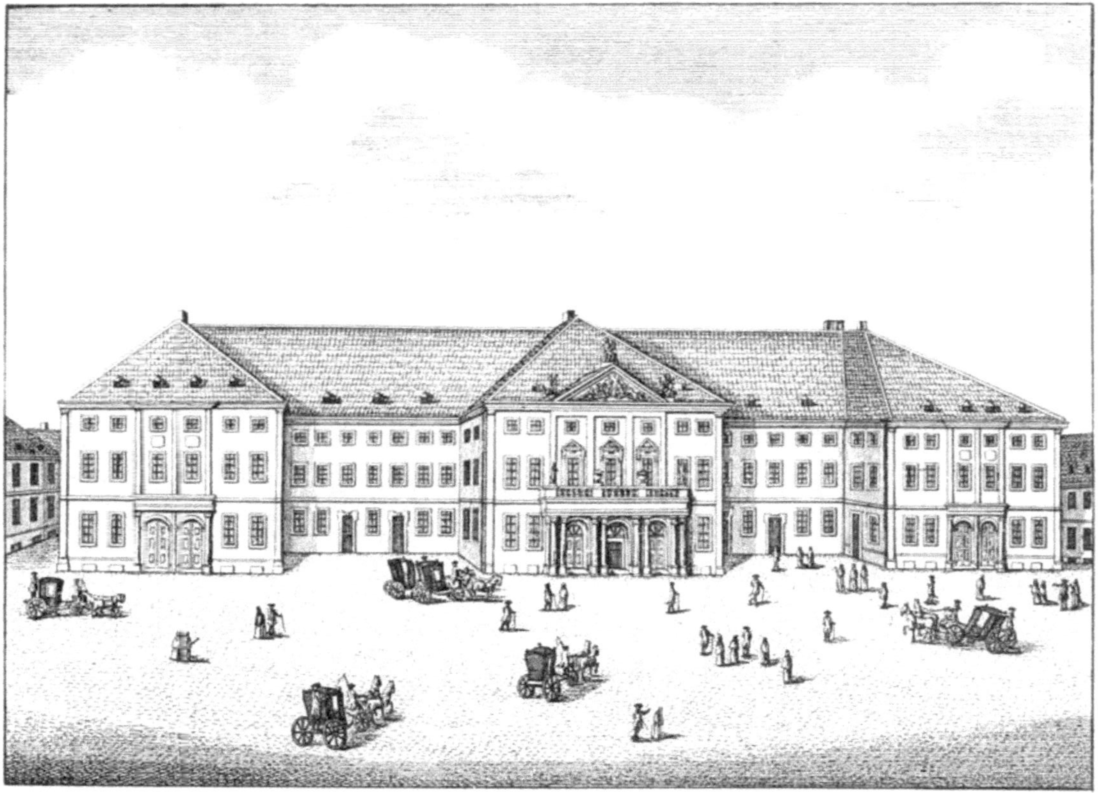

Das Mannheimer Nationaltheater
Stich nach Schlichten von Klauber (1782)
Städtisches Archiv Mannheim

W. H. von Dalberg
Unbezeichnetes Ölbildnis
Städtisches Museum Mannheim

Stich von E. Verhelst (1779)
Städtisches Archiv Mannheim

Stich von G. F. Touchemolin
K. Graphische Sammlung München

Anton Schweizer
Lithographie von H. E. von Wintter (1816)
F. Öttingen Wallersteinsche Bibliothek in Maihingen

Titelbild zum Klavierauszug
Stich von Steinhauer (1774)
Musikbibliothek P. Hirsch, Frankfurt a. M.

18*

MOZARTS

GEDAECHTNIS FEYER

Seinen Manen

gewidmet

von seinem Verehrer

Carl Cannabich

München 1797

Musikbibliothek P. Hirsch, Frankfurt a. M.

Abt G. J. Vogler

Titel-Stich von G. Scheffner aus der Allg. musik. Zeitung von 1816

Musikbibliothek P. Hirsch, Frankfurt a. M.

P. (von) Winter
Unbezeichneter Titel-Stich aus der Allg. musik. Zeitg. v. 1818
Musikbibliothek P. Hirsch, Frankfurt a. M.

G. E. Mara (Schmeling)
Stich von A. Hüssener
Aus „die Musik"

Fr. Melchior Grimm
Aquarell von L. C. de Carmontelle (1778)
Musée de Chantilly

Mme d'Epinay
Ölbildnis von J. Etienne Liotard
Musée d'art et d'histoire zu Genf

Chr. W. Gluck
Stich von J. Duplessis
K. K. Hofbibliothek Wien

N. Piccinni

Lithographie von H. E. von Wintter (1816)

F. Öttingen Wallersteinsche Bibliothek in Maihingen

Kaiserin Maria Theresia
Stich nach Du Greuse von Petersen
Dr. L. Schiedermair, Bonn

Stich von L. M.
Gesellschaft der Musikfreunde in Wien

A. Salieri

Stich von J. Neidl nach Steinhauser v. Treuberg

K. K. Hofbibliothek Wien

Stich von J. C. Mansfeld nach J. Lange
K. K. Hofbibliothek Wien

M. Clementi
Stich von H. Cook nach einem Ölbildnis von J. Lonsdale
Aus „Die Musik"

M. Clementi
Unbezeichneter Titel-Stich aus der Allg. musik. Zeitung von 1826
Musikbibliothek P. Hirsch, Frankfurt a. M.

J. N. Hummel
Stich von F. Fleischmann nach F. H. Müller (1822)
K. K. Hofbibliothek Wien

Maria Theresia Paradies
Unbezeichnete Silhouette (1786)
Dr. L. Schiedermair, Bonn

L. Kozeluch
Lithographie von C. C. Böhm
K. K. Hofbibliothek Wien

L. da Ponte
Aquarell
R. Rossi in Ceneda

Stich von J. Axmann nach P. Fendi
Gesellschaft der Musikfreunde in Wien

J. Haydn
Stich von Guérin (um 1800)
Musikbibliothek P. Hirsch, Frankfurt a. M.

A. Gyrowetz
Lithographie von M. Bisenius
K. K. Hofbibliothek Wien

Fürst Carl Lichnowsky
Photographie eines Ölbildes
K. K. Familien-Fideikommiß-Bibliothek Wien

Die erste Donna Anna
Stich von F. Fambrini (1791)
Photographie
Mozartmuseum in Salzburg

J. Weigl
Stich von Joh. Putz
K. K. Hofbibliothek Wien

J. Schenk
Unbezeichnetes Ölbildnis
Gesellschaft der Musikfreunde Wien

J. Eybler
Lithographie von J. Kriehuber
Gesellschaft der Musikfreunde Wien

J. G. Albrechtsberger
Stich von C. F. Riedel (1803)
Aus „die Musik"

Stich von Löschenkohl
Gesellschaft der Musikfreunde in Wien

M. Stadler
Stich von J. B. Pfitzer (1813)
K. K. Hofbibliothek Wien

F. A. Hoffmeister
Stich von F. W. Nettling nach Lauer
K. K. Fideikommißbibliothek Wien

J. A. André
Unbezeichneter Stich
K. K. Fideikommißbibliothek Wien

G. Nikolaus von Nissen
Unbezeichneter Stich aus Nissens Biographie W. A. Mozart (1828)

Erläuterungen

zu den Bildern der Familie, den Erinnerungsstätten, Dokumenten, Reliquien, Ausgaben und Illustrationen

Die Zahlen beziehen sich auf die Tafelnummern.

1) Originalgröße 89×70. Die rechte Hand stützt sich auf die „Violinschule" von 1756. Das Bild ist daher nicht vorher entstanden. (Vgl. 2.)

2) Vgl. hierzu das vorhergehende Bild. Vielleicht gehen beide Bilder auf einen gemeinsamen Künstler zurück.

3) Originalgröße 84×64. J. Ev. Engl weist im „Katalog des Mozart-Museums", 4. Auflage, 1906, S. 1 darauf hin, daß dieses Bild im Hinblick auf die gleiche Malweise von dem Maler des Bildes des Gatten (1) herrühren, aber kaum gleichzeitig mit diesem gemalt sein dürfte. (Vgl. die weiteren Bildnisse der Mutter, 21 und 25.)

4) Originalgröße 81×62. Das Bild ist das früheste Porträt und stellt Mozart im Staatskleide des Erzherzogs Maximilian dar, das ihm die Kaiserin Maria Theresia während des Wiener Aufenthalts 1762 geschenkt hatte. Unter dem linken Arm hält Mozart einen Klapphut. Da Emil Vogel („Mozart-Portraits" im Jahrbuch der Musikbibliothek Peters für 1899) eine Farbenbeschreibung der meisten Mozartbilder gibt, durfte von einer solchen hier Abstand genommen werden.

5) Originalgröße 81×62. Das Bild zeigt Mozarts Schwester im Staatskleide der Erzherzogin Maria Antoinette, das sie von der Kaiserin Maria Theresia während des Wiener Aufenthalts 1762 zum Geschenk erhalten hatte. Das Bild dürfte gleichzeitig mit dem vorhergehenden entstanden sein und von demselben Maler herrühren.

6) Das Original befand sich 1876 im Besitze des Konsuls F. Bamberg in Messina. Durchmesser 11 cm. Georg Pezolt schreibt das Bild „höchst wahrscheinlich" Franz Nikolaus Streicher (geboren 1738 zu Trostberg in Oberbayern, gestorben 1811 in Salzburg) zu und macht auf die realistische Darstellung aufmerksam.

7) Melchior Grimm, der sich ebenfalls von Carmontelle porträtieren ließ (s. 130), gab die Anregung zu dem Bilde, das während des Pariser Aufenthalts der Familie Mozart ausgeführt wurde. Carmontelle (geboren 1717 in Paris, gestorben 1816 ebenda) zeichnete zahlreiche Bildnisse der Pariser Gesellschaftskreise. Nach Emil Vogel war die Größe des damals im Besitze von Lord Revelstoke in London sich befindenden Ölbildes: 36,2×23,5. Hier liegt ein weit verbreiteter Irrtum vor. Das Original ist kein Ölbild, sondern ein Aquarell in der Größe von 33×20. Carmontelle hätte es zudem auch kaum unternommen, seine Porträts in Öl zu malen. Bereits im Jahre 1764 erschien der Kupferstich von J. B. Delafosse, für den Carmontelle hauptsächlich sein Bild entworfen hatte.

8) Originalgröße 53×68. Das Bild entstand ebenfalls während des Pariser Aufenthalts der Familie Mozart. Es führt den kleinen Mozart am Flügel (links)

vor, während der Sänger Jélyotte seine Guitarre stimmt. Für die Gesellschaft ist ein „Thé à l'anglaise" arrangiert. Eine Beschreibung der einzelnen Personen bringt Otto Jahn, W. A. Mozart, 4. Auflage, II, S. 849. Ollivier war Hofmaler des Prinzen Conti.

9) Originalgröße 80×60. Das Original ist im Besitze von Mr. Percy Moore Turner in London. Das Bild fällt der Entstehung nach in die Zeit des Londoner Aufenthalts der Familie Mozart und trägt auf der aufgeschlagenen Buchseite die Jahreszahl 1764. Mozart hält in der linken Hand ein Nachtigallennest. Als Maler könnte vielleicht Johann Zaufelly, gen. Zoffany (geboren 1733 zu Regensburg, gestorben 1810 in der Nähe von London), in Betracht kommen, der zahlreiche Mitglieder der damaligen englischen Gesellschaft porträtierte.

10) Originalgröße 61×52. Das Original besitzt Frau Landgerichtsrat Rich. Hörner in Stuttgart. Das Bild könnte während des Aufenthalts der Familie Mozart in den Niederlanden gemalt sein. Der Knabe sitzt vor einer Steinsäule, stützt den rechten Arm und hält in der Hand ein Heft. Als Maler ist auf dem Bilde D. v. Smissen genannt, hinter dem E. Vogel, a. a. O. S. 18 D[evotus] Jakob van der Smissen (1735—1813) vermutete. Jahn und Engl treten für das Bild ein, während Vogel seine Echtheit bestreitet.

11) Originalgröße 89×73. Das in Salzburg gemalte Bild stammt aus dem Nachlasse Lorenz Hagenauers, des Hausherrn Mozarts, und verrät am unteren Rande des Notenblattes den Namen des Malers. Engl erkennt das Bild an, Jahn und Vogel lehnen es ab.

12) Originalgröße 71×58. Das Bild, das auch an künstlerischem Werte die bisher behandelten Mozartbilder übertrifft, ist auf der ersten italienischen Reise Mozarts in Verona gemalt worden. Ausführliche Mitteilungen über die spätere Auffindung des Bildes durch Dr. Leopold Sonnleithner geben die „Blätter für Musik, Theater und Kunst" von 1857, ferner Jahn, a. a. O. II, S. 850 ff., wo auch Inschrift und Notenblatt wiedergegeben sind. Leopold Mozart erwähnt in seinen Reisenotizen einen „Pittore Cignarolli". Da er gerade diesen Maler und keinen anderen mehr nennt, ist es wohl sicher, daß das Veroneser Bild von diesem herrührt. Engl hat a. a. O. S. 60 auf diese Zusammenhänge aufmerksam gemacht. Welcher von den verschiedenen Cignaroli, die damals in Verona wirkten, hier in Betracht kommt, bedarf noch einer eingehenderen Untersuchung. (Vgl. G. Frizzoni, La Famiglia dei Pitt. Cignaroli in Arte e Storia, 1903.)

13) In diesem ersten Stich nach dem Bilde Cignarolis verkürzte Sichling die Vorlage, wie er auch sonst mit einer gewissen Freiheit schaltete und die „Mozartschleife" dem Kopfe beifügte. Gegenüber der Vorlage fällt der Stich stark ab. Dieser Sichlingsche Stich wurde häufig wiederholt.

14) Originalgröße 53,5×44. P. G. Battoni (geboren 1708 zu Lucca, gestorben 1787 in Rom), einer der gefeiertsten italienischen Künstler jener Zeit, malte das Porträt während Mozarts zweiten Aufenthaltes in Rom.

15) Noch mehr wie die Arbeit Sichlings bleibt dieser Stich des englischen Kupferstechers Adlard hinter der Vorlage zurück. Die Nase ist hier verzeichnet, das Gesicht überhaupt steif und kalt geraten.

16) Durchmesser 5 cm. Das Bild ist auf Elfenbein gemalt nach der Rückkehr Mozarts von der zweiten italienischen Reise. Der kränkliche Gesichtsausdruck erklärt sich nach den Mitteilungen der Schwester daraus, daß Mozart bald nach seiner Heimkehr schwer erkrankte.

17) Originalgröße 50×38. Das von der „Musik", X 2 reproduzierte Bild erinnert an das folgende Miniatur-Medaillon.

18) Originalgröße des Medaillons: 4×2,8. Mozart sandte es dem „Bäsle".

19) Originalgröße 75×65. In dem Bilde haben wir nach den Mitteilungen des Vaters eine in Salzburg angefertigte Kopie des Originals zu sehen, die Mozarts dem Padre Martini in Bologna zum Geschenke machten. Das Original entstand vor dem Aufbruch zur großen Reise nach Mannheim und Paris und war nach den Bemerkungen des Vaters unvergleichlich getroffen. Im Verhältnis zu den früheren Darstellungen ist hier der Gesichtsausdruck auffallend ernst gehalten.

20) Originalgröße 60×48. Das Bild soll während des Mannheimer Aufenthalts Mozarts und der Mutter gemalt sein. Mit dem Bilde der Mutter (s. 21) wurde es im Jahre 1880 wieder aufgefunden. Die beiden Bilder sind bezeichnet: W.A.M.[= W. A. Mozart] M. [= Mannheim] 1777; A. M. M. [= Anna Maria Mozart] M. [= Mannheim] 1777. J. J. Langenhöffel (geboren 1750 in Düsseldorf, gestorben 1805 in Wien) malte für die Mannheimer und Zweibrückener Höfe verschiedene Bilder. Ob in diesem wie dem folgenden Bilde wirklich Mozart und seine Mutter dargestellt sind, scheint mir nicht außer Zweifel.

21) Originalgröße 60×48. S. hierzu die vorhergehenden Bemerkungen.

22) Originalgröße 19×15. Das „Bäsle" schickte die Zeichnung im Februar 1778 nach Salzburg. Auf die derben Züge des Gesichts hat bereits Jahn hingewiesen.

23) Durchmesser 11 cm. Das Original befindet sich im Besitze von R. P. Goldschmidt in Berlin. Auf der Rückseite des Bildes lesen wir die Bemerkung: „Portrait de Mozart exécuté pendant son séjour à Paris à l'époque de la mort de sa mère par Augustin de Saint-Aubin." Saint-Aubin (1736—1807) gehörte zu den geistreichsten Künstlern seiner Zeit. Er zeichnete zahlreiche Porträts von Zeitgenossen. Vogel tritt für die Autorschaft Saint-Aubins warm ein und hebt die „mit bewundernswerter Technik und Lebenswahrheit" ausgeführte Arbeit hervor. R. Genée spricht dagegen von einer „häßlichen [sic!] Zeichnung, die in keinem Zuge Mozart erkennen läßt" und „von einem solchen Meister wie St. Aubin nicht herrühren kann".

24) Kopfhöhe 5 cm. Das Medaillon dürfte in die Pariser Zeit fallen; es wurde durch Professor Politzer in Paris aufgestöbert.

25) Originalgröße 140×186. Das Familienbild wurde vor Mozarts Abreise zur Einstudierung und Aufführung des „Idomeneo" in Salzburg begonnen und dann nach seiner Rückkehr vollendet. Wolfgangs Gesicht ist zu jugendlich geraten. In sinniger Weise ist an der Wand ein Medaillon der in Paris verstorbenen Mutter angebracht. De la Croce (geboren 1736 in Pressano, gestorben 1819 in Linz) malte eine überaus große Anzahl von Porträts. Das Bild wurde verschiedentlich als Vorlage zu Stichen verwendet.

26) Originalgröße 32×28. T. de Wyzewa hat in der „Revue des deux mondes" (5. Februar 1913) dargelegt, daß wir hier das Langesche Bild von 1782/83 vor uns haben, und auf die Übereinstimmung mit dem Bilde der Nissenschen Mozartbiographie hingewiesen. Demzufolge stellt das Bild Mozart im Jahre seiner Verheiratung dar, während Engl a. a. O. dasselbe „beiläufig 5½ Monate vor Beginn der im Juli 1791 in Angriff genommenen ‚Zauberflöte'" ansetzte. Von den „unverkennbaren Anzeichen der schon begonnenen Krankheit", von welchen Vogel a. a. O. spricht, kann ich auf dem Bilde nichts bemerken. Jos. Lange, der Schwager Mozarts, stand in Wien auch als Maler in Ansehen.

27) Das Original ist unbekannt. Das vorliegende Bild stimmt mit dem Drucke in Nissens Mozartbiographie überein und bildete das Gegenstück zu dem vorhergehenden Bilde. Hier ist Constanze als junge Frau dargestellt. Schließt man sich den oben erwähnten Darlegungen Wyzewas an, so waren beide Bilder diejenigen, die Mozart dem Vater unterm 3. April 1783 mit einem Briefe schickte.

28) Originalgröße 70×57. Vielleicht ist das Bild nur eine freie Kopie der Schwester aus dem Familienbilde de la Croces.

29) Das Original ist unbekannt. Die Darstellung Bosios (geboren 1764 in Monaco, gestorben 1827 in Paris) macht es nicht unwahrscheinlich, daß das Bild nach dem Leben gemalt wurde. Am Rücken des auf dem Klavier liegenden Buches sind die Buchstaben [Fig]aro angebracht.

30) Das Original ist unbekannt. Mozart hält ein Notenstück des „Figaro" in der Hand. Die Zeichnung der Nase ist hier besonders auffallend. Thelott ist 1760 in Augsburg geboren und ebenda 1839 gestorben.

31) Originalgröße 7,5×6,2. Das Bild ist während Mozarts Aufenthalt in Dresden vom 12.–18. April 1789 gezeichnet. Doris Stock (1760–1832), die hochbegabte Malerin, war die Schwägerin Christian Gottfried Körners und die Tante des Dichters. Das Bild gehört in künstlerischer Hinsicht zu den feinsten Mozartdarstellungen.

32) Originalgröße 8×5. Das Bild entstand während Mozarts Aufenthalt in Berlin vom 19.–28. Mai 1789. L. Posch war in den Jahren 1766–1774 in Salzburg ein Schüler Hagenauers (vgl. Wolfgangs Brief 66 und Leopolds Brief 15). Eine Nachbildung aus rötlichem Wachs besitzt das Salzburger Mozartmuseum. Über zwei weitere Reliefs von Posch in dieser Auffassung orientieren die „Mitteilungen für die Mozartgemeinde in Berlin", 1897 und 1906. Die Bilder sind

besonders gerne als Vorlagen zu Reproduktionen und Stichen verwendet worden. Als Proben derselben dienen die folgenden Bilder.

33) 34) 35) Freie Nachbildungen der Poschschen Reliefs.

36) Originalgröße 68×55. Das Bild stellt die Witwe in einer für das 40. Lebensjahr etwas auffallenden, wohl durch den Zeitgeschmack bestimmten Kleidung dar. Das Notenheft, das Constanze in der rechten Hand hält, trägt die Aufschrift: Oeuvres de Mozart. Hansen (geboren 1769 zu Skjelby, gestorben 1828 in Kopenhagen) malte dieses wie das folgende Bild während seiner Wiener Zeit.

37) Originalgröße 70×56. S. die vorhergehenden Bemerkungen.

38) Nach einer glaubhaften Familientradition, von der mir Herr Universitätsprofessor Dr. J. Hupka in Wien freundlichst Mitteilung machte, handelt es sich hier um ein zeitgenössisches Werk, das den jugendlichen Mozart im Alter zwischen 17 und 20 Jahren darstellt. (Vgl. hierzu 24.)

39) Das Bild ist vermutlich ein Mozartporträt.

40) Als Vorbild dürfte dem englischen Stecher ein unbezeichnetes Bild gedient haben, das bei Artaria in Wien erschienen war.

41) 42) 43) 44) 45) Freie Darstellungen von Begebenheiten aus Mozarts Jugendzeit und den späteren Jahren.

47) Die Grabstätte wurde 1898 von J. Ev. Engl wieder eruiert (s. dessen „Studien über W. A. Mozart" 5. Folge).

48) Der Brief ist ein Stück der Geschäftskorrespondenz Leopolds mit Lotter und 16 Tage nach Wolfgangs Geburt geschrieben. S. die Bemerkung: „wañ die Frau wochnerin ist". Die Stelle: „was den Verfasser des so dumen schreibens betrift" bezieht sich auf einen anonymen Schmähbrief, der Leopold von Augsburg zugegangen war.

55) Größe der Geige 51×17, des Bogens 72×3.

56) Länge und Breite des Flügelinstruments 227×101. Dasselbe benützte Mozart nach der Erklärung seines Sohnes Carl während der letzten zehn Jahre seines Lebens mit besonderer Vorliebe. Länge und Breite des andern Instruments 141×46. Nach den Angaben Constanzes gebrauchte Mozart dasselbe noch fünf Monate vor seinem Tode.

57) S. die vorhergehenden Bemerkungen.

59) Nach den Mitteilungen Sophie Haibls trug Mozart die Tasche „bis an sein Ende".

60) Die goldene Uhr ist nach J. Ev. Engl eine französische Spindeluhr von L'Epenie und mit zahlreichen kleinen Diamanten verziert. Die Rückseite enthält das in Emaillefarben gemalte Bildnis der Kaiserin Maria Theresia. Das Uhrwerk geht heute noch. Im Innern des Uhrmantels ist eingraviert: „W. A. Mozart 1786". – Der goldene Ring zeigt in der Mitte einen Adular, der von zwölf Diamanten umrahmt ist.

63) Das Stammbuchblatt schrieb Dr. Siegmund Barisani. Als dieser am

3. September 1787 starb, setzte Mozart die weiteren Worte darunter. [In Band 2, Anhang 2 (S. 361) lies statt 1781: 1787.]

68) Im ersten Stocke des schmalen, hohen Hauses (links), das heute noch steht, wohnte Mozart von 1784–1787. Die jährliche Miete betrug 460 fl. Hier schrieb Mozart „Le nozze di Figaro".

76) Nähere Aufschlüsse über das Wiener Zauberflötenhäuschen und seinen Transport nach Salzburg gibt J. Ev. Engl im „Katalog des Mozart-Häuschens auf dem Kapuzinerberge zu Salzburg", 2. Auflage 1906.

77) 78) Anton Graf von Walsegg war der geheimnisvolle Auftraggeber des „Requiems". S. hierzu Jahn, a. a. O. II 837 f.

86) Nähere Mitteilungen über dieses Stück und seine Beziehungen gibt E. Mandyczewski im „Merker" vom 1. Mai 1913.

96) Dieses Stück erregt unser Interesse, da die Vorlage aus der frühen Zeit des gefeierten französischen Künstlers Horace Vernet (1789–1863) stammt.

97) Die Aufnahme der Illustrationen erfolgte, um einen Begriff von der damaligen Auffassung und Illustrierung des „Don Giovanni" zu geben.

Tafelregister

Inhaltsverzeichnis

Berichtigungen

Tafel 74: der Theaterzettel war für die Leipziger Aufführung bestimmt.

„ 124: statt Schweizer lies: Schweitzer.

„ 134: „ Greuse „ : Greux.

Dieses Werk wurde im Auftrag von Georg Müller in München in der Druckerei von Mänicke und Jahn in Rudolstadt hergestellt. 100 Exemplare wurden auf echt van Gelder abgezogen und in der Presse numeriert.

Mozarts c moll Fuge (K, 426)
Edward Speyer in Ridgehurst

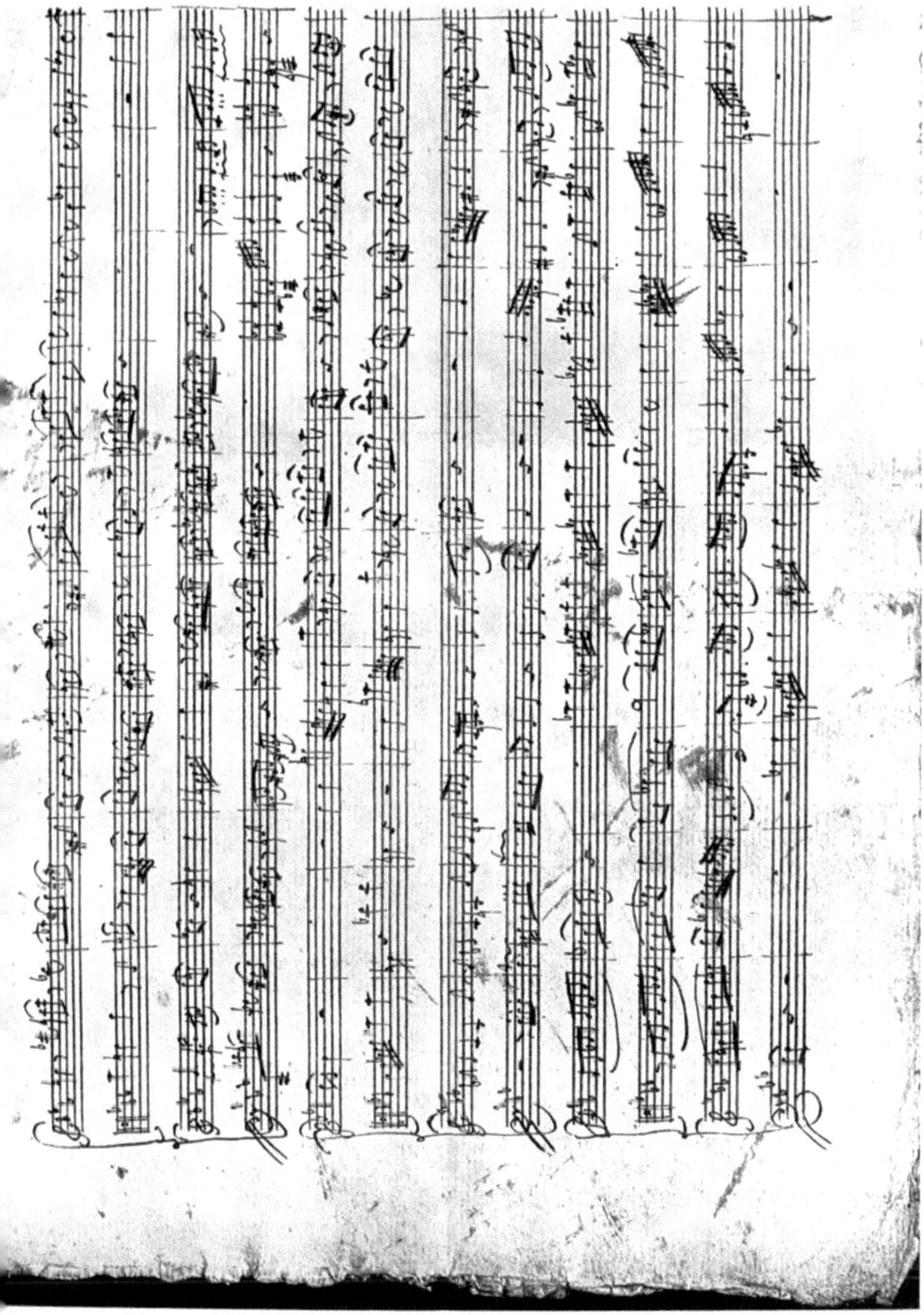

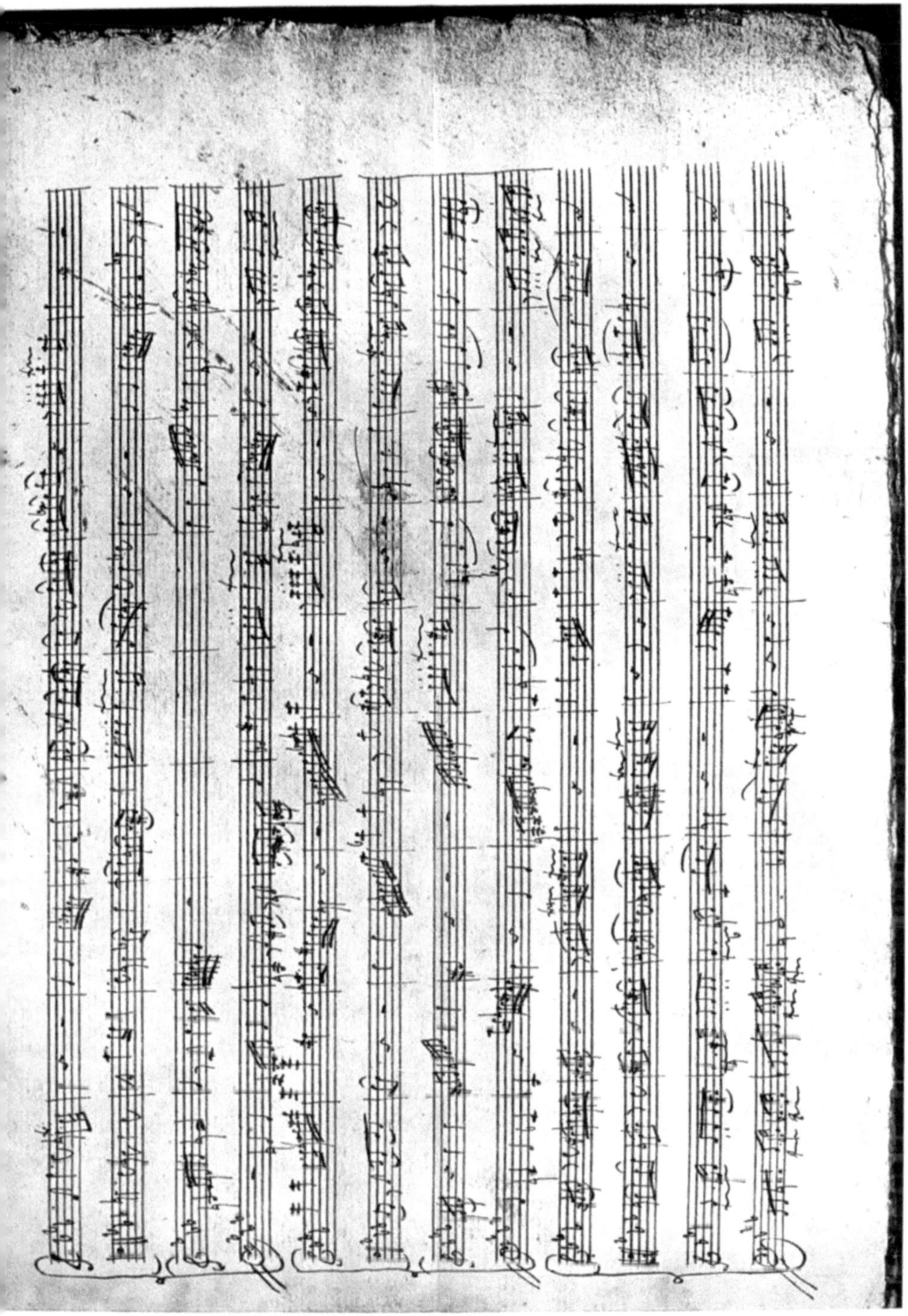

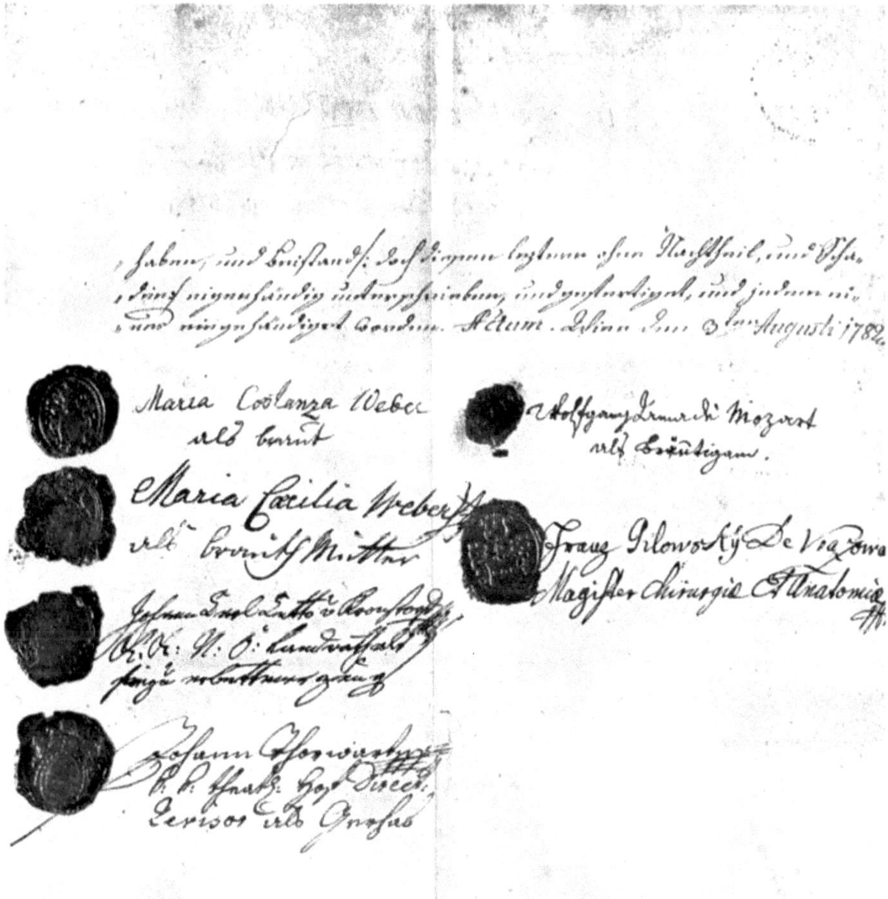
Actum . Wien den 3ten Augusti 1782.
Maria Costanza Weber
als braut
Wolfgang Amadè Mozart
als Bräutigam.
Maria Cäcilia Weberin
als brauts Mutter
Franz Gilowsky de Urazowa
Magister Chirurgiae et Anatomiae
Johann Thorwarth
k. k. theatral Hof Direct. Revisor als Zeug

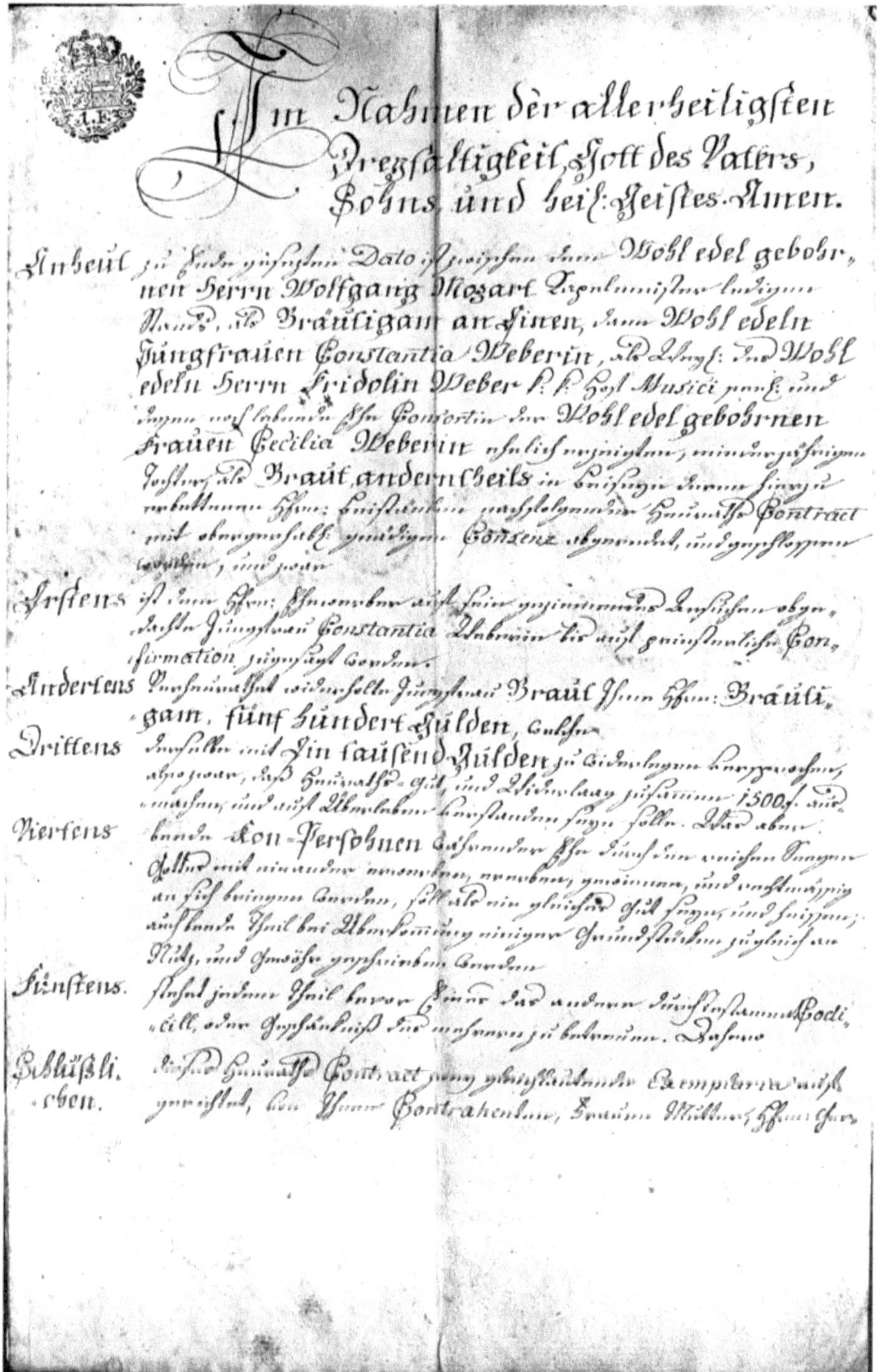
Im Nahmen der allerheiligsten Dreyfaltigkeit, Gott des Vaters, Sohns und heil: Geistes Amen.

Anheut [illegible] Dato [illegible] Wohl edel gebohrnen Herrn Wolfgang Mozart [illegible] als Bräutigam an Einen, [illegible] Wohl edeln Jungfrauen Constantia Weberin, [illegible] Wohl edeln Herrn Fridolin Weber [illegible] Music [illegible] Consortin [illegible] Wohl edel gebohrnen Frauen Cecilia Weberin [illegible] als Braut andern theils [illegible] Contract [illegible] Consenz [illegible]

Erstens [illegible] Jungfrau Constantia [illegible] Confirmation [illegible]

Andertens [illegible] Braut [illegible] Bräutigam, fünf hundert Gulden, [illegible]

Drittens [illegible] Ein tausend Gulden [illegible] 1500 f. [illegible]

Viertens [illegible] Con-Persohnen [illegible]

Fünftens [illegible] Codi-cill [illegible]

Schlüsslichen [illegible] Contract [illegible] Exemplarien [illegible] Contrahenten [illegible]

Mozarts Heiratsvertrag
Edward Speyer in Ridgehurst